AF298255

OBSÈQUES

DE

CHARLES REYNAUD

VIENNE

IMPRIMERIE ET LITHOGRAPHIE DE TIMON FRÈRES

MONTÉE DES CAPUCINS, Nº 3

—

1853

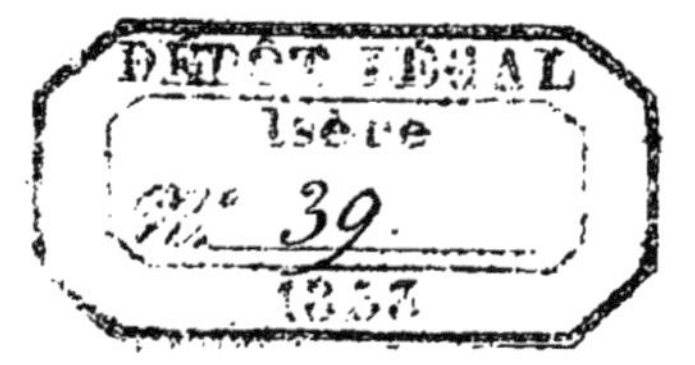

OBSÈQUES

DE

CHARLES REYNAUD

VIENNE, IMPRIMERIE ET LITH. DE TIMON FRÈRES,

MONTÉE DES CAPUCINS, N° 3.

OBSÈQUES

DE

CHARLES REYNAUD

> Au banquet de la vie, infortuné convive,
> J'apparus un jour, et je meurs.
>
> GILBERT.

> Mon beau voyage encore est si loin de sa fin !....
> Je pars , et des ormeaux qui bordent le chemin
> J'ai passé les premiers à peine.
> Au banquet de la vie à peine commencé ,
> Un instant seulement mes lèvres ont pressé
> La coupe en mes mains encor pleine.
>
> . . . .
> . . . .
>
> O mort, tu peux attendre : éloigne , éloigne-toi ;
> Va consoler les cœurs que la honte , l'effroi ,
> Le pâle désespoir dévore.
> Pour moi Palès encore a des asiles verts ,
> Les amours des baisers , les muses des concerts ,
> Je ne veux pas mourir encore.
>
> A. CHENIER.

> Et je meurs !... De la vie à peine
> J'avais compté quelques instants ,
> Et j'ai vu comme une ombre vaine
> S'évanouir mon beau printemps.
> Tombe , tombe , feuille éphémère ,
> Et , couvrant ce triste chemin ,
> Cache au désespoir de ma mère
> La place où je serai demain.
>
> MILLEVOYE.

I.

C'en est fait , il est mort ; nous ne le verrons
plus !... La pauvre mère n'a plus de fils ; Ponsard,

Augier, vous tous que je ne puis nommer, vous n'avez plus d'ami; et toi, Vienne, notre vieille cité, tu viens de perdre un de tes plus nobles, un de tes plus illustres enfants.

Jean-Charles-Louis REYNAUD est mort le 22 août 1853, à l'âge de trente-deux ans.

Avant de raconter cette épouvantable histoire, avant de dire à nos concitoyens comment cette fleur, suave de fraîcheur et de parfums, humide encore des perles de la rosée, a été brisée sur sa tige, reportons nos souvenirs à quelques années en arrière, parlons une dernière fois de lui.

Qu'on nous pardonne si, dans une circonstance aussi solennelle, aussi douloureuse, nous évoquons quelques souvenirs mondains; nous le ferons avec ménagement; notre but est de faire poser encore une fois devant les yeux de ceux qui l'aimaient cette noble et gracieuse figure qui appartient désormais à l'histoire, et de lui dire un dernier adieu.

Vous souvenez-vous de ses retours dans la ville natale après une longue absence? Il arrivait au milieu de vous la tête haute, le pas ferme et rapide, son habit croisé sur sa poitrine: Charles! voilà Charles! disiez-vous. Lui, le chapeau à la main, de sa voix douce et sonore: — « Bonjour, mes amis, disait-il. » — Vous l'embrassiez. Vous voyez encore ses grands yeux bleus ombragés par de longs cils noirs, sa barbe blonde comme celle du Christ, ce charmant visage resplendissant d'intelligence et de bonté, autour duquel rayonnaient pour ainsi dire l'honneur, la franchise, le dévoûment et le génie. Il vous tendait sa loyale main, aux doigts effilés, aux contours aristocratiques : — « Bonjour, mes amis, mes bons amis!... » — Bonjour, mon Charles, bonjour! Vous l'entouriez, les questions se croisaient en tous sens; on l'accablait. Lui, toujours souriant, répondait à tous, avait un mot agréable pour tous ; on faisait cercle autour de lui; il racontait son voyage, son absence, ses émotions, ses plaisirs, ses chasses; il racontait si bien, sa mémoire était si vaste, son imagination si brillante!... Il ne reviendra plus....

Ou bien encore c'était pendant les longues soirées d'hiver; Charles vous parlait de Paris, de ses illustres amis : de Ponsard, d'Émile Augier, de Janin, de Meissonnier, de Rachel, de Ricourt aussi. Pas un de vous n'a vu Ricourt, et cependant pas un de vous qui ne le connaisse, qui ne sache que c'est un des plus grands artistes de notre époque; poëte par le cœur, digne d'enseigner la tragédie au Conservatoire, le meilleur juge en poësie, en peinture, en sculpture, en objets d'art. Vous souvenez-vous de l'impression profonde que Charles produisit sur vos esprits en récitant une remarquable pièce de vers d'Hégésippe Moreau, l'*Hiver*, telle que Ricourt la lui avait apprise ; pour moi je sens encore le frisson qui courut par mes veines lorsque le poëte poussa ce profond gémissement de la nature éperdue : *Pan est mort !* Pauvre Charles, tu ne nous réciteras plus la mort du dieu Pan !....

Cependant le mois de septembre allait venir, ce mois qui était pour nous le plus beau de l'année. Quelle illustration devais-tu nous faire connaître ? Quel homme célèbre devais-tu nous amener encore ? Nous en avions tant vus. Emile Augier! celui-là nous le considérions comme un ami ; il nous l'avait permis ; il venait souvent. Nous avions vu Meissonnier, le grand peintre. Je citerai encore, et au hasard, Lireux, Boccage, Nadaud et Pierre Dupont, les jeunes et déjà célèbres chansonniers. Janin devait t'accompagner cette fois ; il devait passer quelque temps à la Roche, dans cette charmante campagne, ton séjour d'amoureuse prédilection..... Nous l'avons vu, Janin ; il est venu avec toi...., mais il est venu trop tôt : il te suivait en pleurant. Nous t'avons reçu avec des immortelles et des couronnes de cyprès, au moment même où nous te préparions une fête. Cher poëte, tu étais la chaîne qui nous unissait à Paris avec ces beaux esprits, ces grands cœurs, ces nobles intelligences ! Ils ne viendront plus dans notre pays désolé les poëtes charmants, les grands peintres, les comédiens célèbres. Ta villa ne les abritera plus ; ils ne se reposeront plus à l'ombre de tes arbres ; leur hôte gracieux s'est envolé au ciel ; le rossignol ne chante plus.... La grille du jardin est fermée ; l'herbe va pousser dans les allées solitaires ; un hibou s'est posé dans le creux d'un vieux chêne ; n'entendez-vous pas son chant lugubre, monotone et doux?

Et pourtant quelle joie bruyante éclatait na-

guère sous ce feuillage hospitalier. Redis-nous
tous les mots charmants qui sont tombés de sa
bouche ; rappelle-nous ces éclats de rire, ces bril-
lantes saillies, ces gais propos, cette pétulante
gaieté. Il revient de la chasse ; ses chiens le pré-
cèdent de quelques pas ; écoutez les fanfares et les
chants d'allégresse ; quelle séve, quelle ardeur,
quelle brillante jeunesse!... Puis ! quand le soir
venait, vous lui disiez : — Allons, Charles, réci-
te-nous quelque chose... — Ce que tu voudras. —
Alors il se levait en souriant, passait sa main dans
ses longs cheveux qu'il rejetait en arrière; son doux
regard s'arrêtait un instant sur celui de ses amis ;
il levait au ciel sa belle tête, réfléchissait un instant ; il va nous dire quelques inspirations de sa
muse, il va nous parler de l'Orient ; mais non,
jamais rien de lui, jamais..... Eux, toujours eux;
leurs vers, toujours leurs vers. Il commençait
ainsi :

> Quatre Vénitiens, jeunes, beaux, harnachés
> De damas mêlé d'or . . . .

Et il continuait de sa voix douce et sympathique,
jusqu'à la fin, cette charmante poësie d'Augier.

Il avait fini, vous l'écoutiez encore comme suspendus à ses lèvres. D'autres fois, et le plus souvent, c'étaient de longues tirades de *Lucrèce*, d'*Agnès*, de *Charlotte*, le quatrième acte tout entier de ce chef-d'œuvre ; et alors son visage s'enflammait, son œil était étincelant, sa lèvre frémissait, sa voix vibrait jusqu'au fond de notre cœur ; on eût dit Apollon ; oui, c'est lui, je le sens: *Deus, ecce Deus*; et il nous tenait ainsi, des heures entières, pénétrés d'admiration, immobiles et silencieux, ne sachant lequel était le plus grand du poëte ou de l'ami, lequel nous aimions le mieux, de celui qui écrivait d'aussi belles choses ou de celui qui les interprétait avec tant de noblesse et tant d'éclat..... Sa voix est éteinte, son œil est plongé dans l'ombre de la nuit ; nous ne l'entendrons plus !....

Encore un souvenir et ce sera le dernier; c'est le plus beau, le plus cher à nos cœurs ; c'est celui dans lequel Charles se résume tout entier.

Il y a plus de dix ans, deux jeunes gens partaient pour Paris: l'un, grave, silencieux et pensif, c'était l'aîné ; l'autre, souriant, frais et rose, était un enfant ; il avait juste vingt ans..... Ils quittaient Vienne ; ils allaient seuls dans la moderne

Babylone, sans autre appui que celui qu'ils puisaient dans leur jeunesse et dans leur courage.....
Leur but était noble et grand ; il fallait conquérir à *Lucrèce* le rang illustre qu'elle occupe dans le monde littéraire. L'aîné souriait tristement aux efforts de son jeune ami ; son âme, partagée entre l'espoir et la crainte, chancelait à chaque pas, succombait au moindre obstacle. L'autre, l'enfant, le soutenait, l'encourageait, calmait ses alarmes : c'était le faible soutenant le fort.

Il se mit à l'œuvre. Dès lors, on vit une chose unique dans le monde. Semblable à Homère, l'enfant chantait des vers sous le portique des temples ; il les disait aux jeunes gens sur les promenades, au milieu des places, dans le moindre salon comme dans l'hôtel somptueux des grands. On regardait avec étonnement ce jeune homme inspiré ; on écouta par curiosité ce langage inconnu ; puis on admira ; puis l'enthousiasme saisit les auditeurs. Enfin, le succès couronna tant d'efforts, et, un soir, à la clarté de mille bougies, en présence de tout ce que Paris comptait d'illustre et d'élégant, en présence des notabilités de la science, des arts, des lettres, de la diplomatie, de la finance, *Lucrèce*, cette belle création de notre compatriote, recevait l'accueil le plus éclatant, le plus sympathique que constatent les annales du théâtre. Dès son début, Ponsard se plaçait au premier rang des écrivains de notre époque. L'enfant avait trouvé un aiglon ; depuis lors, cet aiglon a bien grandi ; le noble oiseau a pris de puissantes ailes.

Nous ne croyons pas, en répétant pour la centième fois ce récit, que tout le monde sait, abaisser l'un pour élever l'autre. Ponsard, à cette époque, était un poëte ignoré ; il s'ignorait lui-même, et nous lui avons entendu dire plusieurs fois que, sans le dévoûment, l'abnégation, l'énergie de Reynaud, il n'aurait pas triomphé des difficultés, des dégoûts, des découragements sans nombre qu'un jeune poëte trouve au début de sa carrière.

Ce que Charles fut à ce moment-là, il l'a toujours été depuis. Sa vie, son âme tout entière appartenaient à ses amis. Votre tour était venu, grands poëtes ! Arrivés au sommet du Pinde, vous vous apprêtiez à tendre une main amie à celui qui en franchissait les degrés d'un pas si ferme et si rapide ; vous alliez soutenir, à votre tour, le bon, le fidèle, le dévoué.... Mais Dieu ne l'a pas voulu ; cette belle intelligence est éteinte, son cœur est glacé..... *Pan est mort!*

Arrachons-nous à ce brillant passé ; nous aurions tant à dire ; la réalité est là qui nous presse, cruelle, impitoyable.

II.

C'était le 23 août, au matin, à notre réveil, une nouvelle terrible circulait déjà dans la ville. Pendant la nuit, deux dépêches électriques avaient apporté, coup sur coup, l'épouvante et la consternation aux amis de cet infortuné. Charles était à l'agonie, Charles venait de mourir presque subitement à Paris, loin de sa pauvre mère, loin de la plupart de ceux qui l'aimaient ; il était mort, non d'accident, non par suite de ces catastrophes qui font briser par une main humaine une existence pleine de séve et d'énergie : il était mort d'une pleurésie double, qui l'emportait en quelques jours. Son ami d'enfance, son frère, le docteur Laugier était arrivé trop tard ; il n'avait pu le sauver.

Nous ne saurions peindre la douleur des habitants. Nous pouvons le dire sans exagération: ce deuil prit bientôt les proportions d'un deuil public. Les détails manquaient; les bruits les plus contradictoires circulaient dans la foule, enfin une lettre arriva, qui leva tous les doutes et ne permit plus d'espérer.

Les journaux de Paris nous apprirent que, le mercredi 24, un service funèbre serait célébré à St-Roch, et que les dépouilles inanimées de notre cher compatriote devaient être amenées à sa mère. En effet, le jeudi, à dix heures du soir, il revenait parmi nous, conduit en poste par M. Laugier, M. Charles Lambert et M. Jules Janin. Quelques amis l'attendaient; une chapelle ardente avait été préparée dans sa maison par les soins de sa famille. Ce fut une bien lugubre cérémonie que celle de la translation de ce cercueil, la nuit, aux flambeaux, au milieu des sanglots étouffés de ces jeunes hommes silencieux, sous les yeux de la police, que son devoir appelait pour constater l'identité.

Pendant deux jours il est resté là exposé au milieu de tous les insignes de la mort ; un prêtre à ses côtés psalmodiait des prières, ses amis venaient à chaque instant s'agenouiller près de lui et lui parler encore. Le théâtre fut fermé le vendredi : M. Achard devait donner une représentation extraordinaire ; par un sentiment de convenance, et pour s'associer au deuil public, il y renonça. Cette délicate attention a été vivement appréciée ; on ne devait pas attendre moins d'un artiste aussi distingué par le talent que par le cœur.

Il avait été arrêté que les funérailles se feraient le dimanche 28, à 10 heures, à la cathédrale. La commune de Roussillon, par l'organe de son conseil municipal, avait pris une détermination éminemment flatteuse pour la mémoire du poëte qui n'est plus ; elle revendiquait ses chères dépouilles et offrait de céder un terrain à perpétuité et de lui faire élever un mausolée digne de lui.

Le dimanche, à dix heures, à la porte de la maison mortuaire stationnait un piquet d'infanterie commandé par un officier. Cette escorte militaire devait accompagner le légionnaire jusqu'au champ du repos. La compagnie entière des Sapeurs-Pompiers avait sollicité le même honneur. Pas un ne manquait à l'appel. Que ces hommes de cœur et de dévoûment, ouvriers pour la plupart, reçoivent ici le tribut de reconnaissance qui leur est dû. Merci à eux de cette noble initiative ; ils ont voulu honorer dans leur concitoyen l'homme de cœur, et surtout l'éminent poëte qui venait d'être décoré. Merci mille fois au nom de sa mère, au nom de sa famille, au nom de ses amis.

La vaste nef de la cathédrale de St-Maurice était pleine comme aux jours des anniversaires officiels. On sait que notre église contient facilement cinq mille personnes. La messe a été célébrée en grande pompe ; à onze heures et demie le cortége se dirigeait vers le cimetière au sourd roulement des tambours.

Les coins du poële étaient tenus par M. Jules Janin, M. Charles Lambert, M. Joliot, avocat, et M. Henri Couturier de Royas, tous amis du défunt.

Quelqu'un manquait à ces obsèques : c'était un de ses plus chers et de ses plus anciens amis, c'était celui qui devait au dévoûment de Charles

Reynaud toute sa fortune littéraire. M. Ponsard, en voyage, se trouvait alors chez un parent à Saint-Bron, dans les montagnes de la Savoie : les lettres qu'on lui a adressées ailleurs ne lui sont pas parvenues. C'est par un journal, déjà vieux de date, qu'il a appris cette mort si inattendue ; il est revenu de suite, mais il devait arriver lorsque la cérémonie funèbre serait accomplie.

Dans ce moment M. Ponsard travaille à une pièce de vers qu'il a voulu consacrer à la mémoire de son ami, comme un dernier adieu, comme la pensée du discours funèbre qu'il aurait voulu et qu'il n'a pu prononcer sur cette tombe.

Le cortége était imposant ; il traversait en silence une double haie d'habitants qui n'avaient pu pénétrer dans l'église et qui se découvraient avec respect.

En tête marchaient les vieillards des Hospices, les jeunes orphelins de la Charité, les enfants de l'œuvre de St-Joseph, la société de secours de St-Laurent, tous les membres de la Société mutuelle des Arts et Métiers. Le corps reposait sur le magnifique corbillard de cette société dont le défunt était membre honoraire. Les pompiers et la troupe de ligne formaient la haie.

Le deuil était conduit par MM. Génissieu père, de Bouchaud et de Chabert, parents de l'illustre mort.

Les fermiers et les gens de service suivaient, la tête inclinée et fondant en larmes. A la vue de tant de douleurs, la pensée se reportait vers sa seconde mère, sa vieille bonne, malade en ce moment, dont les pleurs ne tarissent pas et qui presse sur ses lèvres une lettre touchante qu'elle avait reçue de *lui* quelques jours avant sa mort.

Tous ces navrants détails sont d'une effrayante vérité. Ah ! il faut avoir été bien bon, bien humain, bien généreux, pour laisser de si cruels regrets !....

Enfin, près de deux mille hommes suivaient, le chapeau à la main, graves, silencieux et tristes. Les jeunes gens organisateurs de la fête de St-Maurice, qui devait se célébrer ce jour-là, avaient renoncé le matin à leur tour de ville ; ils assistaient aux obsèques, un bouquet d'immortelles à la boutonnière ; les officiers de la garnison, infanterie et cavalerie, s'y trouvaient tous, mêlés dans les rangs.

On ne voyait sur le drap mortuaire d'autres insignes que la croix de la Légion-d'Honneur....

Hélas ! il l'a portée trop peu pour qu'elle ait pu lui susciter des jaloux ; elle n'avait brillé que deux heures sur sa noble poitrine....

Au cimetière, M. Jules Janin s'est exprimé ainsi, au milieu de la foule attentive :

« MESSIEURS ,

« Je suis chargé d'une funèbre et douloureuse « mission.

« Vous nous avez envoyé, naguère, un jeune « homme inconnu..... dans tout l'éclat des fêtes « de la vie et de la jeunesse. Aujourd'hui, je vous « le ramène célèbre...... et plongé dans les té- « nèbres du cercueil.

« O vanité de la poësie !.... O vanité de la jeu- « nesse !.... O trois et quatre fois vanité !....

« Hélas ! cette croix d'honneur, que lui avait « décernée l'assentiment unanime de tous les « maîtres du bel esprit et des beaux-arts , elle « aura brillé moins longtemps sur la poitrine de « Charles Reynaud, qu'elle n'a brillé sur les ten- « tures de son cercueil.

« Le secret de ces coups inattendus, frappés

« par la mort, le voici, Messieurs : Il est dans
« les jalousies et dans les cruautés de la fortune :
« elle ne veut pas de ces bonheurs sans contre-
« poids, et, souvent, du faîte à l'abîme elle pré-
« cipite les hommes enviés qui semblent lui
« porter le défi de tout ce qui est jeune, aimable,
« intelligent, dévoué.

« Ce jeune homme était trop heureux, et voilà
« pourquoi il est mort ! Il était plein de vie et
« de jeunesse, en pleine indépendance, en
« pleine liberté, parmi toutes les fêtes de la vie
« abondante et facile, entouré d'amitiés char-
« mantes, l'espoir de son pays et l'orgueil d'une
« mère indulgente qui l'aimait à la fois comme
« une aïeule et comme une mère. Pauvre enfant
« un peu tardif de ses légitimes amours, elle
« l'avait demandé au ciel avec tant de prières et
« tant d'espérance ! Et maintenant elle le pleure,
« elle l'appelle, elle invoque le ciel, elle se plaint
« à Dieu et aux hommes, elle ne veut pas être
« consolée, elle n'a plus d'enfant.

« Ce jeune homme était trop heureux ! Il lui
« avait été donné de découvrir, ici même,
« parmi vous, Messieurs, un poëte, un grand

« poëte. Ce poëte avait fait une belle œuvre ; il
« avait rendu à notre siècle *Lucrèce* et la vie de
« la matrone romaine, et la chasteté outragée,
« et sa vengeance. Étonné, heureux et fier de
« cette découverte, Charles Reynaud avait amené
« à Paris la *Lucrèce* et son poëte, et telle était
« sa conviction, et si grande était sa volonté,
« que l'œuvre et le poëte furent adoptés par la
« ville capitale des intelligences et des poësies.
« Ce fut une grande bataille littéraire que *Lucrèce!*
« Charles Reynaud était au premier rang des
« amis, faisant les honneurs de cette illustre
« journée, et criant à son poëte : *Nil desperan-*
« *dum, Teucro duce et auspice Teucro.*

« Il était trop heureux ce Charles Reynaud !
« Quand il vit que son ami Ponsard avait rem-
« porté tant de victoires en si peu d'années :
« *Lucrèce, Agnès de Méranie, Charlotte Corday,*
« et, dans ces derniers jours, l'*Honneur et l'Ar-*
« *gent,* il voulut tenter pour lui-même la fortune
« poëtique. — « Et moi aussi, se dit-il, je suis
« un poëte ! » — Il était un poëte, en effet, il
« en avait l'inspiration, la grâce et le génie,
« et les chastes pensées, et les honnêtes trans-

« ports, avec ce sens exquis et ce tact naturel
« de tout bel esprit qui aime la nature et la
« cherche avec amour. Aussi, des rêves de sa
« jeunesse et des ardeurs naissantes de son esprit
« il avait composé ce volume de douces et pieuses
« élégies, et il avait été si naïf et si habile en
« même temps, qu'il avait échappé, sans le vou-
« loir, sans le savoir, à l'influence toute puis-
« sante de ces deux grands hommes, les maî-
« tres et les dominateurs de toute poësie, à
« savoir : M. de Lamartine, dans sa pauvreté,
« et M. Victor Hugo, dans son exil.

« Ainsi Charles Reynaud était un poëte, à ses
« heures, à sa façon, en delà et en deçà de
« toute école littéraire, et c'est pourquoi il fut
« adopté si vite par tous les esprits amoureux
« des belles choses, par les vaincus d'hier et par
« les vainqueurs d'aujourd'hui. Et voilà comment
« il laissera après lui, ce jeune homme, un mo-
« nument plus durable que l'airain : *Monumentum*
« *œre perennius.*

« Il était trop heureux ! il avait l'esprit, le
« cœur, la fortune, l'enthousiasme, la beauté,
« l'inspiration. Ses amis, il les aimait et il en

« était aimé ; ils le pleurent, ils l'appellent ; ils
« m'ont envoyé pour représenter ce deuil. —
« Partez, m'ont-ils dit, vous savez les chemins
« de ces chères contrées ; partez et ramenez à sa
« mère l'enfant de ses regrets et de ses douleurs ;
« portez les cris de ses amis ; dites bien nos sym-
« pathies et nos regrets. — Et je suis parti, et
« me voilà remettant en vos mains ces nobles
« dépouilles..... Ah ! le pauvre enfant, si vif,
« si gai, si content de vivre et d'être au monde!
« il était notre joie et notre fête de chaque jour.
« Nous ne le verrons plus, nous ne l'enten-
« drons plus !.....

« Je l'ai vu dans son agonie et je l'ai embrassé
« dans sa mort. Il avait réuni pour cette heure
« suprême tout le courage qui était en lui, et
« quand il se fut entouré de ses amis, et quand
« il eut vu venir à lui son cher compatriote,
« le docteur Laugier, calme et doux frère qui
« semblait lui sourire et qui déjà pleurait ses
« funérailles dans le fond de son cœur, le noble
« jeune homme appela à son aide toutes les for-
« ces de la vie, toutes les forces de la mort, afin
« qu'on pût voir sur son visage éteint le courage

« du galant homme et la résignation du chrétien.

« Et maintenant le voilà tel que la mort nous
« l'a fait, tel que devaient le revoir ces rivages
« aimés, cette maison paternelle, et les yeux de
« cette mère au désespoir. Ainsi nous ne te ver-
« rons plus, cher et charmant compagnon de
« nos travaux stériles et de nos renommées pas-
« sagères ! Ainsi je ne te verrai plus, ô mon
« aimable et doux poëte, enivré de toutes les fêtes
« de la vie!... Ainsi te voilà perdu à tout jamais,
« et peu à peu va s'effacer de nos regards la
« douceur de ton sourire, et peu à peu nos oreil-
« les oublieront les accents de ta jeunesse, et tu
« ne seras plus qu'une ombre, un fantôme, un
« rêve, ô mon rêveur, qui avais déjà conquis
« tant de suffrages illustres!...... Pauvre âme,
« adieu!.... Adieu, cher esprit!.... Adieu !

« Ma tâche ici s'arrête, sur les limites de ce
« tombeau ouvert avant l'heure, éternel sujet
« de nos entretiens, de nos regrets, de nos dou-
« leurs, jusqu'à ce que nous-mêmes nous ayions
« disparu à notre tour. »

C'était un douloureux spectacle que celui de

ce poëte versant des larmes de désespoir sur la tombe de son jeune ami. Non, jamais je n'oublierai ce noble visage bouleversé, cette voix étranglée par les sanglots. Que M. Janin nous pardonne si nous ne donnons qu'une pâle copie de sa magnifique improvisation ; ceux qui l'ont entendue ne l'oublieront jamais. Qu'il reçoive ici l'expression des sentiments de profonde gratitude dont nous sommes pénétrés pour lui. Au nom de nos concitoyens, merci à lui de son amitié pour notre malheureux ami ; merci à cette grande famille des hommes de lettres, qui comprend si bien ses devoirs et qui les accomplit d'une manière si chevaleresque.

M. Joliot, un de ses amis d'enfance, dans quelques paroles sympathiques parties du fond du cœur, et que l'émotion et les pleurs ont interrompues bien souvent, a adressé au cher défunt des adieux au nom de ses compatriotes. Nous regrettons de ne pouvoir les reproduire.

La foule, profondément émue, s'est écoulée en silence.

III.

Maintenant que tu dors dans la tombe, Charles, écoute-moi encore un instant..... J'ai parlé de ton passé, j'ai raconté tes funérailles; j'aurais dû dire que notre vieille cité chrétienne n'en n'avait pas vu de telles depuis ses archevêques, les nobles primats des primats. J'ai dit que tu étais le meilleur des fils, le plus fidèle, le plus constant des amis; j'ai dit que les pauvres pleuraient en t'accompagnant, parce que tu étais le plus généreux et le plus charitable des hommes.

Il ne me reste que quelques mots à ajouter, et, cette fois, je parlerai au nom de tous tes amis d'enfance, de tous ceux que tu laissais ici quand tu partais pour tes voyages. Gardiens obscurs , mais fidèles de ta chère mémoire , nous conserverons jusqu'à la fin de nos jours le souvenir de tes grâces charmantes et de ton inaltérable bonté. Nous parlerons souvent de toi, de tes succès et de ta gloire... Le vide affreux que tu fais autour de nous ne sera jamais comblé. Ton doux visage , que nous ne verrons plus, nous le ferons revivre sur le marbre. Ton nom , nous le graverons sur la pierre et sur l'airain..... Ton nom , qu'il faut inscrire dans l'histoire , à côté de celui de Chénier, avec ceux de Millevoye , de Gilbert , d'Hégésippe Moreau , de Pichat, l'auteur de *Léonidas* et ton compatriote ; ton nom qui brillera au milieu de cette pléiade de jeunes poëtes, morts comme toi à trente ans , l'un sur l'échafaud , d'autres à l'hôpital.... Tes poësies, nous les lirons tous les jours..... Nos jeunes femmes , s'associant à notre œuvre , les apprendront à nos enfants.... Sur nos genoux les chers petits nous réciteront la *Ferme* , l'*Aïeule*, la *Source* , l'*Epître à ma mère*. Quand ils seront grands, nous leur dirons avec orgueil : il était notre ami.

Au nom des malheureux que tu ne peux plus secourir, adieu Charles !....

Adieu, au nom de tous les bons habitants de nos campagnes qui t'aimaient tant !....

Adieu, au nom de la vieille Jeannette, ta bonne si tendre et si dévouée, et du pauvre petit Pierre, accablé de douleur d'avoir perdu son maître.

Au nom de nous tous, sans distinction, adieu...! Nous n'essayerons pas de consoler ta mère.....; car ta mère est comme la Rachel de la Bible !.... Nous irons quelquefois à Mon-Plaisir pour lui parler de toi.

Dans quelques jours, j'irai accomplir ce pieux pèlerinage, et je lui dirai: Ne pleurez pas votre fils, Madame, Dieu vous le rendra, et je lui lirai ces paroles de l'Ecriture :

« En ce temps-là, Jésus allait dans une ville
« appelée Naïm, avec ses disciples et une grande
« foule de peuple, et lorsqu'il était près de la
« porte de la ville, il arriva qu'on portait en
« terre un mort qui était le fils unique d'une
« femme, et cette femme était veuve, et elle
« était alors accompagnée d'une grande quantité
« de personnes de la ville. Le Seigneur l'ayant
« vue en eut compassion et lui dit : Ne pleurez

« point, et s'approchant il toucha le cercueil.
« Ceux qui le portaient s'arrêtèrent et il dit :
« Jeune homme, levez-vous, je vous le com-
« mande. En même temps le mort se leva sur
« son séant et commença à parler. Et Jésus le
« remit à sa mère. »

Jésus vous le remettra, pauvre veuve, car ces
paroles sont tirées de l'évangile du quinzième dimanche après la Pentecôte, du dimanche vingt-
huit août mil huit cent cinquante-trois, jour
des funérailles de votre fils.

Vienne, le 1er septembre 1853.

A. FABRE.

SUR LA MORT

DE

CHARLES REYNAUD

SUR LA MORT

CHARLES REYNAUD

O mon cher compagnon! moitié de ma pensée!
Confident de l'ébauche à peine commencée!
    Mon frère d'armes! mon ami!
Quoi! mort!.. Quoi! foudroyé comme par un tonnerre!
Quoi! muet pour toujours!.. Dans ta couche de terre
    Éternellement endormi!

Si jeune! si joyeux! et si content de vivre!
Étranger aux soucis dont la mort nous délivre,
    Heureux d'aimer et d'être aimé,
Il n'avait pas connu la fortune indocile,
Et s'avançait gaîment vers l'avenir facile,
    Vers l'avenir sitôt fermé.

Indépendant et fier, il marchait dans sa voie;
Il possédait ces biens qui ne font pas la joie,
        Mais sans qui le bonheur n'est pas;
Il avait des sillons où glanait la misère;
Il avait des amis; il avait une mère,
        La grande richesse ici-bas.

Telle est la mort! voilà sa volupté cruelle!
Usé, brisé, vaincu, qu'un malheureux l'appelle,
        Elle s'éloigne et cherche ailleurs;
Elle visite ceux à qui la vie est douce;
Pâle amante, elle étreint celui qui la repousse,
        Et choisit parmi les meilleurs.

Quoi! nous ne verrons plus ce franc et gai sourire,
Ce regard si loyal où chacun pouvait lire
        Le cœur rayonnant dans les yeux,
Ce charme sympathique empreint dans tout son être,
A ce point qu'on l'aimait, presque sans le connaître,
        Et bien plus, le connaissant mieux!

Et comme il était bon, affectueux et tendre!
Comme son âme pleine aimait à se répandre!
        Comme il parlait de ses amis!
Ah! il ne croyait pas, lui, ce rare courage,
Si les railleurs contr'eux aiguisaient un outrage,
        Que le silence fût permis.

Il savait admirer comme les belles âmes;
Il adorait, foyer de généreuses flammes,
        La nature où Dieu resplendit,
L'humanité, les arts, le beau, le vrai, le juste,
La vertu, le génie, et cette chose auguste:
        La Liberté, dont on médit.

Tout était radieux dans cette noble vie.
Jamais le dévoûment n'y côtoya l'envie.
        (1) — O toi, son autre compagnon,
Tu l'as vu ce soldat de nos ardentes luttes.
Ivre de nos succès, accablé de nos chutes,
        Et plus fier que toi de ton nom.

(1) Émile Augier.

Et moi, ne suis-je pas le vivant témoignage
D'une abnégation qui n'est plus de notre âge?
  Ne suis-je pas son œuvre à lui?
C'est par lui que j'étais, si j'étais quelque chose;
Mon frêle monument sur l'amitié repose;
  Il s'écroule, privé d'appui.

Au pied de sept coteaux, aux bords d'un large fleuve,
Une antique cité sous une cité neuve
  Dort à vingt pieds de profondeur.
Des remparts démolis, des voûtes colossales,
Des escaliers géants, des arches triomphales
  Attestent sa vieille grandeur.

Sur ce sol tout jonché des souvenirs de Rome,
Dix ans déjà passés, un indolent jeune homme
  Vivait, dans l'ombre enseveli.
Inhabile au barreau, de ses mains désœuvrées
Il traçait pour lui seul des scènes ignorées,
  Pâture promise à l'oubli.

Reynaud prit dans ses bras la naissante *Lucrèce*,
Et l'emportant, ainsi qu'un amant sa maîtresse,
Il la promena dans Paris.
Quand il eut entassé miracles sur miracles,
Épuisé les dégoûts, renversé les obstacles,
Je vins en recueillir le prix.

Et lui-même, pourtant, lui-même était poëte.
La lyre entre ses mains n'eût pas été muette;
La Muse eût aimé ses travaux;
Il eût pu, consacrant aux œuvres personnelles
L'ardeur qu'il dépensait aux choses fraternelles,
Conquérir pour lui les bravos.

Mais il était ainsi; s'oubliant pour les autres,
Ses craintes, ses espoirs, ses vœux étaient les nôtres,
C'était l'âme de notre corps.
Enfin, après dix ans d'une même pensée,
Livrant aux flots plus doux notre barque exercée,
Tranquille, il s'assit sur les bords.

Il a chanté ; — la Muse, à son appel docile,
A retrouvé pour lui la flûte de Sicile,
Où Théocrite soupirait.
Son chant a désarmé la critique maligne ;
Ce formidable écho s'adoucit pour ce cygne,
Pour ce cygne qui se mourait.

Objet de ses amours, divine Poësie,
Pourquoi lui présenter la coupe d'ambroisie
Et la lui briser dans la main !
Pourquoi le couronner de ces roses tardives,
Et lui faire aujourd'hui place entre tes convives
Quand le cercueil l'attend demain !

Il ne chantera plus les campagnes fécondes
Où les blés agités roulent comme des ondes.
Ni la chaste fleur des épis,
Ni le lit du ruisseau, ni les flots bleus du Rhône
Sous les coteaux d'Ampuis, que la vigne couronne,
Ni les moissonneurs assoupis.

Que m'importe à présent mon œuvre et sa fortune,
Si ce n'est plus pour nous une fête commune,
      S'il n'en prend plus une moitié !
Sa place vide, au sein de la foule assemblée,
Attristera toujours la salle dépeuplée
      Par l'absence de l'amitié.

Périsse le succès, cette chose légère,
Que gonfle du public la faveur passagère,
      Et que brisent ses prompts dégoûts !
C'est par le cœur qu'on vit, non par la renommée;
Comme je donnerais toute cette fumée
      Pour que Reynaud fût parmi nous !

      Amis, déjà la mort décime
      Notre bataillon peu nombreux ;
      Elle a deux fois pris sa victime,
      Et c'étaient les plus valeureux ;
      C'étaient les forts, les capitaines,
      Ceux qui des âmes incertaines
      Savaient réveiller la vertu;
      Ceux qui ranimaient le sourire
      Sur la bouche prête à maudire,
      Et l'éclair dans l'œil abattu.

Que fallait-il à ces bons êtres
Pour vivre et pour s'épanouir?
Un bonheur dont nous sommes maîtres,
Et dont nous pouvons tous jouir.
Une de ces chaudes journées,
Où les plaines illuminées
Reluisent sous le beau soleil,
Un murmure, une poësie
Inondaient leur âme choisie
D'un ravissement sans pareil.

Serrons-nous; — la mort fait un vide
Que nous ne remplirons jamais.
Ainsi, quand la cognée avide
Découronne les verts sommets,
Le peuplier qu'elle désigne
Tombe, et disparaît de la ligne
Qui s'élançait à l'horizon;
Sa racine a séché la terre,
Et sur sa place solitaire
Rien ne pousse, que du gazon.

Aimons-nous; — un ami qui tombe
Fait mieux comprendre l'amitié;
Aimons-nous avant que la tombe
Ne s'ouvre encor sous notre pié.
Ah! c'est à cette heure suprême
Que l'on sait à quel point on aime!
O Dieu! s'il nous était rendu,
Quel épanchement long et tendre!
Pourquoi ne devons-nous comprendre
Un bien que lorsqu'il est perdu!

O vous tous, ses amis et les miens, l'heure approche
Où nous nous retrouvions au foyer de *La Roche.*
La trompe, au point du jour, éveillait les chasseurs;
Nous partions, des taillis fouillant les épaisseurs;
Les chiens, impatients d'empaumer une voie,
Flairaient sur le gazon les traces de la proie;
Par la bruyère humide et les cailloux glissants
Nous suivions l'àpre meute, aux cris retentissants;
Puis le soleil séchait, dans la plaine embrasée,
Nos vestes de velours où fumait la rosée.

Et cependant *Pilate*, à l'horizon lointain,
Dégageant son front bleu des vapeurs du matin,
Et les champs parsemés de hameaux, et le fleuve
Miroitant au soleil comme une armure neuve,
Et les vergers d'Ampuis, et les coteaux vineux,
Et les effets de l'ombre et des plans lumineux,
Tout ce panorama, sous la vue éblouie,
Développait en paix sa splendeur inouïe.
Nous revenions alors, bruyamment, parmi ceux
Qui gardaient le logis, rêveurs ou paresseux :
Les uns, dans la mollesse où le sommeil nous plonge,
N'avaient pu s'arracher aux chimères d'un songe ;
Les autres — les savants — un volume à la main,
Lisaient sous les noyers qui bordent le chemin ;
Celui-ci regardait le nuage qui passe,
Et poursuivait des vers égarés dans l'espace,
Tandis que celui-là, le rival de Téniers,
Autour d'un broc de vin groupait des braconniers.
Le dîner rassemblait ces fraternels convives ;
Les vins fins excitaient les répliques plus vives,
Jusqu'à l'heure indolente où toutes les clameurs
Mouraient l'une après l'autre aux lèvres des fumeurs.
Alors il se levait comme l'ancien rapsode ;

Il disait une scène, ou déclamait une ode :
Et, l'œil superbe, plein de ses auteurs aimés,
Il versait l'harmonie en nos esprits calmés.
Mais quoi! ces souvenirs ont perdu tous leurs charmes!
J'esquisse un gai tableau quand c'est l'heure des larmes!
O seuil hospitalier! prés cachés dans les bois!
Je vous vis, l'an passé, pour la dernière fois.
Que mon pied se dessèche, et jamais ne se meuve,
Plutôt que d'approcher de cette maison veuve!
Non, non, ce me serait un trop cruel ennui
De revoir ce jardin qui fleurit pour autrui;
Car telle est la nature, immortelle et sereine :
Nous passons, sans troubler son œuvre souveraine.
Les bois qu'il a plantés, à d'autres possesseurs
Prêteront leur silence et leurs molles fraîcheurs;
L'eau coule aussi limpide, et pour une autre oreille
Répète aussi gaîment sa chanson de la veille.
Ah! nature insensible! — Ah! ses amis, du moins,
De ce règne nouveau ne seront pas témoins;
Aussi frappés que nous, et plus encor peut-être,
Ses serviteurs en deuil fuiront le nouveau maître;
Et, hurlant sur le seuil de la salle à manger,
Ses chiens refuseront le pain de l'étranger.

Pleure l'honneur de tes murailles,
Vienne, pleure ton noble enfant!
Ouvre-toi pour ses funérailles,
Toi qui l'attendais triomphant!
Déjà la ville était en fète;
Déjà la couronne était prète....
Mais la fète se change en deuil,
Et les lauriers qu'on lui prépare
Sont ceux du chantre de Ferrare,
Ceux qui n'ombragent qu'un cercueil.

Voici le funèbre cortége,
Composé du pays entier;
Le magistrat quitte son siége,
L'artisan quitte son métier.
On voit se mêler dans la rue
Celui qui pousse la charrue,
Et l'artiste, et le tisserant;
L'enfant, celui que l'àge accable,
Et le riche, et le misérable,
Tous l'accompagnent en pleurant.

C'est qu'on l'adorait dans sa ville!
C'est qu'il n'était pas seulement
Un poëte, voix inutile
Qui jette ses plaintes au vent,
Son cœur n'est pas tout dans son livre;
Il savait qu'on est fait pour vivre,
Homme, au milieu du genre humain;
Qu'on doit une part de soi-même
A son pays, à ceux qu'on aime,
A l'indigent qui tend la main.

Il savait que la vie est brève,
Qu'on est vite au bout du sillon,
Et qu'on n'est pas né pour le rêve,
Mais pour la lutte et l'action.
Il savait qu'il est des misères
Qui se taisent, tristes et fières,
Que dans l'ombre il faut découvrir;
Il savait acquitter la dette
De l'abondance à la disette.
Il a su vivre — et su mourir.

Mais renfermons en nous notre douleur amère :
Qu'est-ce que nos regrets près de ceux d'une mère !
Mon esprit éperdu se refuse à plonger
Dans cette immensité de désespoirs sans bornes.
De sanglots déchirants ou de silences mornes,
De désolations qu'on ne peut soulager.

Ah ! c'est ici surtout que la parole est vaine ;
Cette œuvre est au-dessus de la puissance humaine ;
On ne doit que pleurer et regarder le ciel :
La foi, baume divin, calme toute souffrance ;
Il faut chercher en haut le rayon d'espérance
Qu'on veut faire briller au regard maternel.

La mort autour de vous a fait la solitude,
Pauvre mère ; mais Dieu, dans sa mansuétude,
Dieu bon abrégera votre exil ici-bas.
Chaque heure vous conduit au fils qui voit vos larmes :
Vous le retrouverez, sans trouble et sans alarmes,
Dans un monde où la mort ne le reprendra pas.

Adieu, mon ami ! sur ta tombe
J'ai voulu jeter quelques fleurs ;
Adieu ! mon courage succombe
Sous sa tâche, grosse de pleurs.
La douce et paisible harmonie,
Par les grandes douleurs bannie,
Ne chante qu'en des cœurs sereins ;
En vain je lui fais violence ;
Je sais mieux souffrir en silence
Que mettre un rhythme à mes chagrins.

Mais j'étais absent de ta couche
Quand tu rendais ton âme aux cieux ;
Je n'ai pu, penché sur ta bouche,
Clore ton œil d'un doigt pieux ;
J'étais absent des funérailles
Quand la terre dans ses entrailles
A reçu tes restes glacés.
Ah ! que du moins ma voix tardive
Ajoute une note plaintive
Aux adieux déjà prononcés !

Et toi, Janin, qui nous rapportes
Cet enfant de notre cité,
Qui de Paris jusqu'à nos portes,
Fidèle ami, l'as escorté,
Par toi son ombre consolée
Reposera dans la vallée
Dont il connaissait l'horizon;
Par toi, prosternés sur sa pierre,
Nous croirons que notre prière
Va l'éveiller sous le gazon.

Au sein de la nuit éternelle
Tu l'as, toi-même, enseveli,
Et de ta larme paternelle
Son mausolée est ennobli.
Sois béni, porteur de sa cendre!
Cœur dévoué, cœur noble et tendre!
Oh! sois béni par tous les siens!
Et sache que la ville entière
Inscrit ton nom, dont elle est fière,
Parmi ceux de ses citoyens.

Mont-Salomon, 8 *Septembre* 1853.

F. PONSARD.